—— 撰　稿 ——

张　迪　　沈蓓蕾　　孙　杰
唐旭东　　曹　阳　　赵　新
魏诗棋　　郑士明　　高　雪
柴冰冰　　陈禹行　　滕　雪
张　静　　刘晓漫　　王靖雯
康　健

—— 插图绘制 ——

雨孩子　　肖猷洪　　郑作鹏
王茜茜　　郭　黎　　任　嘉
陈　威　　程　石　　刘　瑶

—— 装帧设计 ——

陆思茁　　陈　娇
高晓雨　　张　楠

了不起的中国

—— 古代科技卷 ——

丝绸之路

派糖童书　编绘

化学工业出版社

·北京·

图书在版编目（CIP）数据

丝绸之路/派糖童书编绘. —北京：化学工业出版
社，2023.10
（了不起的中国.古代科技卷）
ISBN 978-7-122-43931-4

Ⅰ．①丝… Ⅱ.①派… Ⅲ.①丝绸之路-儿童读物
Ⅳ.①K928.6-49

中国国家版本馆CIP数据核字（2023）第144161号

了不起的中国
——古代科技卷——
丝绸之路

责任编辑：刘晓婷　　　　　　　　　　　　责任校对：王　静

出版发行：化学工业出版社（北京市东城区青年湖南街13号　邮政编码 100011）
印　装：北京尚唐印刷包装有限公司
787mm×1092mm　1/16　印张5　2024年1月北京第1版第1次印刷

购书咨询：010-64518888　　　　售后服务：010-64518899
网　　　址：http://www.cip.com.cn
凡购买本书，如有缺损质量问题，本社销售中心负责调换。

定　　价：35.00元　　　　　　　　　版权所有　违者必究

前　言

几千年前，世界诞生了四大文明古国，它们分别是古埃及、古印度、古巴比伦和中国。如今，其他三大文明都在历史长河中消亡，只有中华文明延续了下来。

究竟是怎样的国家，文化基因能延续五千年而没有中断？这五千年的悠久历史又给我们留下了什么？中华文化又是凭借什么走向世界的？"了不起的中国"系列图书会给你答案。

"了不起的中国"系列集结二十本分册，分为两辑出版：第一辑为"传统文化卷"，包括神话传说、姓名由来、中国汉字、礼仪之邦、诸子百家、灿烂文学、妙趣成语、二十四节气、传统节日、书画艺术、传统服饰、中华美食，共计十二本；第二辑为"古代科技卷"，包括丝绸之路、四大发明、中医中药、农耕水利、天文地理、古典建筑、算术几何、美器美物，共计八本。

这二十本分册体系完整：

从遥远的上古神话开始，讲述天地初创的神奇、英雄不屈的精神，在小读者心中建立起文明最初的底稿；当名姓标记血统、文字记录历史、礼仪规范行为之后，底稿上清晰的线条逐渐显露，那是一幅肌理细腻、规模宏大的巨作；诸子百家百花盛放，文学敷以亮色，成语点缀趣味，二十四节气联结自然的深邃，传统节日成为中国人年复一年的习惯，中华文明的巨幅画卷呈现梦幻般的色彩；

书画艺术的一笔一画调养身心，传统服饰的一丝一缕修正气质，中华美食的一饮一馔（zhuàn）滋养肉体……

在人文智慧绘就的画卷上，科学智慧绽放奇花。要知道，我国的科学技术水平在漫长的历史时期里一直走在世界前列，这是每个中国孩子可堪引以为傲的事实。陆上丝绸之路和海上丝绸之路，如源源不断的活水为亚、欧、非三大洲注入了活力，那是推动整个人类进步的路途；四大发明带来的文化普及、技术进步和地域开发的影响广泛性直至全球；中医中药、农耕水利的成就是现代人仍能承享的福祉；天文地理、算术几何领域的研究成果发展到如今已成为学术共识；古典建筑和器物之美是凝固的匠心和传世精华……

中华文明上下五千年，这套"了不起的中国"如此这般把五千年文明的来龙去脉轻声细语讲述清楚，让孩子明白：自豪有根，才不会自大；骄傲有源，才不会傲慢。当孩子向其他国家的人们介绍自己祖国的文化时——孩子们的时代更当是万国融会交流的时代——可见那样自信，那样踏实，那样句句确凿，让中国之美可以如诗般传诵到世界各地。

现在让我们翻开书，一起跨越时光，体会中国的"了不起"。

目 录

敦煌

长安

洛阳

导 言

长安一片月，万户捣衣声。

秋风吹不尽，总是玉关情。

何日平胡虏，良人罢远征。

——【唐】李白《子夜吴歌·秋歌》

一切从长安开始。

长安就是今天的西安，是中国历史上最负盛名的城市之一。秦始皇曾在这里下令建造长城防御匈奴，汉朝的君主通过和亲的方式维护北方安宁，但这两种方式都不能使国家永久和平。汉武帝即位后，他选择用武力方式解决匈奴问题，成功收复了河西走廊。但他没想到，这次战役不仅使匈奴不敢来犯，通往西域的道路也就此打开。

这以后的无数年间，一条响着驼铃的道路从长安或洛阳起始，长途跋涉，到达许多国家。

有句话说得好："智者建桥，愚者建墙。"这条通往西方之路被后人命名为"丝绸之路"。瓷器、茶叶等商品，以及四大发明的成果都为全人类共享。同时，西域的宝马良驹(jū)、蔬果及粮食种子传入中原；佛教、基督教等宗教也传入中原。物质商品相互交换、互通有无，精神文化相互影响，世界也变得更加丰富、纷呈。

中国的丝绸惊艳了世界。丝绸之路是中国带给世界的礼物，也是世界大融合、大发展的共鸣曲，是属于全人类的伟大传奇。

丝绸之路源起——对抗匈奴

古代中国的北方活跃着许多少数民族，秦汉时期影响力比较大的是匈奴人，他们勇猛强悍，与汉民族的文化有许多不同，有自己独特的价值观和生活方式。

游牧民族

《史记·匈奴列传》中记述了北方游牧民族的特点。这些居住在北方的人，不像南方的汉人一样住在城市或乡村里、以农耕为生，而是逐水草而居，哪里的水草更丰美，就将马、牛、羊迁徙到哪里放牧。这就是他们被称为"游牧民族"的原因。

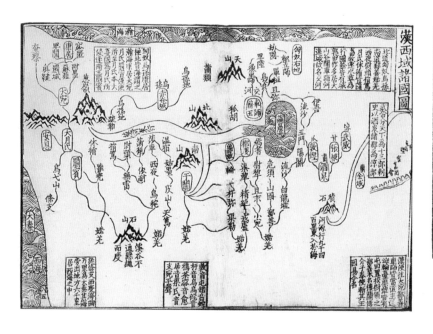

南宋雕版墨印《汉西域诸国图》

难以调和的关系

北方大的部族各有属地，部族之间也会有争斗。历史上，山戎（róng）、犬戎、戎狄（dí）、匈奴、东胡、月氏（zhī）等，都是北方的不同部族，或不同发展时期的部族称呼。

那里的人们从小就能骑羊引弓，长大一点能射取野物，成为战斗力强的骑兵。同时，他们在食物充裕的时候靠放牧、狩猎为生，但如果食物匮乏，就会抢掠别人。

这些人们生长在恶劣的环境下，奉行适者生存的原则。汉人不理解他们的"壮者食肥美，老者食其余"，就是肥美的食物由强壮的人优先享用，年长的人只能吃残羹剩饭。在他们眼中，壮健的人是上等人，老弱的人只能勉强生存。而汉人讲究尊老爱幼。

文化和意识上的差异，让中原汉族和北方民族的关系总是难以调和。

长城

战国时，中原有七个实力强大的国家，其中三个国家与匈奴为邻。（《史记·匈奴列传》："冠带战国七，而三国边于匈奴。"）

秦国武力强大，历来走在对抗北方游牧民族入侵的最前方，连秦国发迹成为诸侯之一，也是因为抗击犬戎，救护了周天子。

赵国在赵武灵王时期，为了强国，赵武灵王进行了军事改革，让将士们改穿便于行动的胡服来练习骑射，学习北方游牧民族的优势再反过来对抗他们。再之后，赵国有一位大将叫李牧，训练出了强大的军队，在公元前244年大破匈奴，使匈奴人十年不敢侵扰赵国边境。

燕国也尽最大努力抵御北部敌人，秦、赵、燕这三国都在本国与游牧民族交界处修建了长城。

🌀 秦将蒙恬

等到秦始皇统一六国建立秦朝之后，秦始皇派名将蒙恬（tián）率大军三十万北击胡人，收复了黄河以南的河套地区。随后，秦朝借助黄河天堑（qiàn）修筑了44个县城，调派大量军民戍（shù）边。

蒙恬一直守在边境，同时主抓长城的修建工作，连接了各地的长城，筑成秦长城。匈奴单（chán）于头曼打不过秦朝军队，躲到北方去了。十几年之后，秦朝内部发生动乱，蒙恬也已经去世，守边的军民都跑光了，匈奴人又回来了。在汉族与游牧民族两方力量的此消彼长中，为丝绸之路的开拓埋下伏笔。

丝绸之路西汉篇——开创

秦末楚汉相争，中原乱成一锅粥，而北方匈奴部族在这个时候强大了起来。头曼单于有个儿子叫冒顿（Mòdú），是个又狠心又厉害的角色，他训练了强大又听话的部队，杀死了亲爹，自己当了单于，随后打败了强大的东胡，又赶走了月氏、吞并了楼烦，控制了中国北部、东北部和西北部广大的地区。

中国东南滨海，北部和西部是陆地。而那时北部和西部全是匈奴人，中原就是一个相对孤立的存在，文明发展靠自己，守卫安全也靠自己。从之前的历史来看，我国中原政权与北方大多数时候都处于对抗状态，北方游牧民族的威胁时刻存在。这种局面如何改变呢？

🌀 和亲政策

冒顿当单于的时候，匈奴的实力越来越强；而那时的中原经历完秦末混战、楚汉相争，汉朝刚刚建立，一切百废待兴。

刘邦是汉朝的开国皇帝，他起先亲率大军对抗匈奴，却在白登山那里被匈奴大军围困，险些丢了性命。此后，汉朝改变方略，通过送礼物、结亲的办法，缓和与匈奴的关系，使汉朝国力慢慢得以恢复。

✿ 汉武帝

汉武帝刘彻是汉朝的第七位皇帝，他是一位具有雄才大略的君主，是中国历代君王中最出色的人物之一。历经汉初几代皇帝休养生息的政策，特别是"文景之治"后，汉朝国力已相当充沛。正是凭借这种雄厚的物力、财力，汉武帝才想从根本上解除来自北方匈奴的威胁。

✿ 单于

单于，在匈奴语中是广大的意思，是匈奴人对最高首领的称号。这个称号最早由头曼单于始创，直至匈奴灭亡，此称号才不再继承。

张骞第一次出使西域

为了打败匈奴人，被孤立的汉朝需要找到帮手。汉武帝派张骞（qiān）带队出使西域，想联合大月氏共同抗击匈奴。可是张骞在通过匈奴领地时被骑兵发现，他和一百多个随从全被抓住了，在匈奴一关就是十年。后来张骞找到机会逃离了匈奴，也找到了大月氏。但这时的大月氏已无心参战，张骞只能回到汉朝，向汉武帝报告了西域的具体情况。从这之后，中原的人们才知道西域还有那么多奇怪的国家。张骞详细介绍了帕米尔高原以西的大宛（古西域国名，此处"宛"读 yuān）、康居、大月氏、大夏等中亚国家的风土人情。他在大夏时还了解到汉朝南边是身毒国（古国名，应为今北印度地区，此处"身"读 yuān）。身毒国和四川、云南在那时就已经有民间贸易往来，例如棉花、食盐等。这为后来南部丝绸之路的开通创造了先决条件。

张骞第二次出使西域

公元前 119 年，张骞第二次出使西域。此次出使有两个目的，一是招揽与匈奴有矛盾的乌孙，削弱匈奴的实力；二是劝说西域诸国与汉联合。张骞到达乌孙时，正好遇到乌孙内乱，没能成功劝说乌孙归附汉朝。不过，张骞的副使分别访问了大宛、康居、大月氏、大夏、安息（今伊朗）、条支（今伊拉克）、奄蔡（Yǎncài）、

张骞出使西域

身毒、于阗（tián）、扞（hàn）弥等国家。他们在第一次出使西域时知道那里的许多国家没有漆器、丝绸，所以这次他们有备而来，带给西域诸王特别的丝绸作为礼品。从此，丝绸惊艳了西方世界，源源不断地流入西方，丝绸之路名副其实。后来，西方一些国家甚至下令不许贵族们穿丝绸，以防货币大量涌入东方。

✿ 两次出使时间

张骞第一次出使西域在公元前138~前126年，第二次在公元前119~前115年。

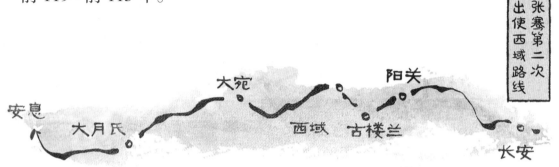

✿ 张骞

张骞迈出了中国探索西方的第一步，他两次出使西域，为丝绸之路的开辟打下基础。他促进了东西方文明的交流，将中原文明传播至西域，又从西域诸国引进了许多中原没有的物种，如汗血宝马、葡萄、苜蓿（mùxu）、石榴、胡麻等。

丝绸之路

"丝绸之路"这个名词并不是开辟它的人取的,与"四大发明"一样,是被研究中国文化的外国专家提出的,并得到世界的广泛认同。1877年,德国地理学家李希霍芬在他的名著《中国》一书中首次提出"Seidenstrassen"(丝绸之路),他给出的定义是:"从公元前114年到公元127年间,以丝绸贸易为媒介,连接中国与河中(指中亚阿姆河与锡尔河之间)、中国与印度的西域交通路线。""丝绸之路"这个名词在此后得到各国学者广泛认同,英国人称为"Silk Roads",法国人称作"La Route de la Soie";日本人称它为"绢の道"。

公元前114年,正是我国汉朝汉武帝元鼎三年。

陆上丝绸之路

即传统意义上的丝绸之路,以长安或洛阳为起点,以意大利的罗马为终点,是东西方经济、政治、文化交流的陆上通道。陆上丝绸之路促进了东西方经济文化之间的交流,对汉朝的兴盛发挥了积极的作用。

海上丝绸之路

唐朝,我国东南沿海形成了一条叫作"广州通海夷道"的海上航路,这便是我国海上丝绸之路的最早叫法。海上丝绸之路有东西航线之分:东方航线到达朝鲜、日本;西方航线经南海,过印度洋,到达红海,连接了中国、东非和欧洲。

◎ 旌节

旌（jīng）节是古代使者手持的信物，用牦牛尾及羽毛装饰。《周礼·地官·掌节》中说："道路用旌节。"

◎ 汉长城和玉门关

为了防御匈奴的进攻，汉武帝在秦长城的基础上又增修了三段长城。其中在酒泉与玉门之间修长城时建了玉门关，因西域多从此处运输玉石而得名。

玉门关是西行的必经之处，过了玉门关之后，商队还要经过塔克拉玛干沙漠，跨越天山山脉或帕米尔高原才能到达西域诸国。这条路气候恶劣、路程艰辛，有着巨大温差和极度干旱的沙漠，对任何一位旅人都是致命的挑战。

玉门关

丝绸之路西汉篇——战争

我们生活在信息交流发达的现代，很难想象古代人的闭塞生活。

有个特别有意思的说法，"你在哪儿呢"这句话，是手机诞生之后才出现的。现在，我们不需要漫长的等待，在全球大部分地区都可以迅速进行信息沟通。而在两千多年前的汉朝，西行之路被打通，对古代人具有奇迹般的非凡意义。

张骞开辟通向西域的通道后，东西方那些不畏艰险的商旅可以踏经严酷的沙漠和戈壁，为自己带来新生活的希望。不过，从军事和政治上来讲，能帮得上汉朝的国家依旧寥寥无几。匈奴依旧到处劫掠，给边疆的老百姓带来生命财产的威胁。

为了有效地抗击匈奴，稳定边疆，汉武帝决定用武力的方式对匈奴进行反击。

宝马良驹

张骞出使西域给汉朝带来了宝贵的军事信息，同时也引进了良马。汉朝之前一直打不过匈奴，跟自己没有好的战马有很大关系。好马都在草原，而战争使正常的商品交易无法进行。张骞使团从西域引进了大宛马，使汉朝获得了优良的战马，也为汉朝同匈奴的战争提供了物质前提。

飞将军李广

飞将军李广

李广是西汉名将，家里世代以箭术闻名，他本人也以勇猛著称。李广镇守边关的时候匈奴一直不敢来犯，匈奴人都叫他"飞将军"。唐朝边塞诗人王昌龄有诗云："但使龙城飞将在，不教胡马度阴山。"诗中的"飞将"指的就是李广，王昌龄在这里盛赞他英勇善战。

龙城大捷

卫青和霍去病也是当时抗击匈奴的两大名将。卫青带兵攻打匈奴七战七捷，无一败绩；霍去病一生四次出击匈奴，都是大胜而归。他们使汉朝在西域的版图大大增加，为丝绸之路的发展作出了巨大贡献。

公元前129年，汉军兵分四路，出征匈奴。其中三路溃败无功，只有首次出征的卫青一路奇袭至匈奴圣地龙城，俘虏700人，获得了汉初以来对战匈奴的首次胜利。

🌀 河西之战

河西走廊地处于黄河之西，是汉朝和匈奴之间的关键战场。因为有张骞的实地考察，再加上宝贵的军事情报也令汉朝有信心对河西用兵。年轻的霍去病两次进军河西，一反汉军步兵战斗的常态，多用骑兵奇袭，击败了匈奴浑邪（yé）王、休屠王，这两个匈奴王率众归汉，匈奴单于被震慑得不敢轻易出兵。

河西之战的胜利使汉朝拿下了河西走廊的控制权，这之后不久，汉朝在这里设张掖郡，以展示"张国臂掖，以通西域"的丰功伟绩。

🌀 漠北之战

匈奴并没有因为之前的失败停止对中原的侵扰。他们率领部队远迁至漠北，试图诱汉军孤军深入大漠，趁机攻打。但他们没有预料到，汉武帝并没有中了他们的诡计，反而是利用匈奴单于的谋士向来轻视汉军的心理，制定了远途奔袭、深入漠北、犁庭扫穴等计策，集结全国之力远征匈奴，力求彻底歼灭匈奴主力。

公元前119年春，汉武帝集结10万骑兵，派遣卫青、霍去病分东西两路向漠北进发。这次战争中，匈奴主力几乎被全歼，匈奴单于逃到漠北，"是后匈奴远遁（dùn），而幕南无王庭。"（《汉书·匈奴传》）

漠北之战长久地保障了北方边境的安全，制止了匈奴对汉边境的侵扰，加速了我国北部的统一和开发，便利了汉朝与西域的交通。

卫青

封狼居胥

封狼居胥

漠北之战中，霍去病奉命寻歼匈奴主力，他大破匈奴军队，乘胜追杀至狼居胥（xū）山。霍去病在狼居胥山举行了祭天封礼，从此"封狼居胥"成为中国历代武将的最高追求。狼居胥山就是肯特山，位于今天的蒙古国境内。

西域都护府

公元前60年，为了管理统一后的西域，西汉建立西域都护府，负责协调西域各国之间的矛盾纠纷，制止外来势力的侵扰，确保丝绸之路的通畅。自此西域各国正式纳入汉朝版图。

丝绸之路西汉篇——和平

丝绸之路开拓后，汉朝越来越强大，北方的匈奴反而处于内部争斗中。

匈奴分裂为五个单于势力，公元前58年，其中一个名叫呼韩邪的单于杀死了原来的单于，又战胜了其余四个；同时，他处于东边的族兄又自立为郅（zhì）支单于，这两个兄弟就打了起来。呼韩邪单于处于下风，公元前51年，他率领南匈奴的全部人民，带着牲畜归降汉朝。

这是历史的重大转折，西域诸国都受到震慑。当时的汉朝皇帝汉宣帝以极友善的态度接纳了呼韩邪单于，并准许他们居住在河套地区。在汉朝的支持下，呼韩邪单于打败了宿敌郅支单于，成为唯一的匈奴首领。

为了一直能和汉朝交好，呼韩邪单于向汉朝皇帝请求联姻。这次的联姻在本质意义上已经发生了改变，这是匈奴主动的示好，嫁过去的女子无论身份、地位、后台，都将不同于过去诸多和亲女子——她再也不是求和的礼物，而是为了大国之间的友好。

那时的汉朝皇帝已经是汉元帝，他没有选自己家族的公主和亲，而是赐给呼韩邪一名宫女来当阏氏（yānzhī，正妻）。

🌀 王昭君

王昭君,名嫱(qiáng),字昭君,"中国古代四大美女"之一,晋朝时为避讳,又称她为王明君。

王昭君美丽大方,是汉元帝的宫女。有一种说法流传很广:汉宫宫女太多,画师毛延寿将这些宫女一一画下来,给汉元帝看,汉元帝觉得漂亮的就选到自己身边。王昭君意志高洁,没有贿赂画师,毛延寿便把她画得很一般,王昭君也就从未见过皇帝。

后来呼韩邪单于来求亲,王昭君自请和亲。辞行的时候,汉元帝才发现王昭君美貌无比,心里十分惋惜。王昭君走后,汉元帝便杀了毛延寿。

后人有许多诗词评价此事,王安石在《明妃曲》中写道:"归来却怪丹青手,入眼平生几曾有。意态由来画不成,当时枉杀毛延寿。"意思是美好的意韵是难以画出来的,不该让画师来背锅。而欧阳修则在《和王介甫明妃曲》中犀利地指出:"绝色天下无,一失难再得,虽能杀画工,于事竟何益?耳目所及尚如此,万里安能制夷狄!"意思是美好的人物失去了再难复得,就算杀了画师又有什么用?汉元帝你眼皮子底下的事都有这样的疏漏,怎么能管制好万里之外的匈奴呢!

和平使者

公元前33年，王昭君受封为"宁胡阏氏"，前往匈奴和亲。王昭君前后嫁给了呼韩邪单于和其后继任的复株累单于，共生有一个儿子和两个女儿。王昭君的两任丈夫都与汉朝交好，她的孩子们也向往和平。昭君出塞奠定了六十年的汉匈和平。

从汉高祖刘邦采用和亲政策开始，汉朝在六十余年间远嫁了多位公主，这些公主都默默无闻，只有宫女出身的王昭君，不但适应了草原生活，还奠定了汉匈和平的基础。自那时起，边关的汉匈人民不再争斗，而是开放关市，正常贸易，经济文化得以自由交流和发展。

汉朝生变

公元前33年，也就是竟宁元年，昭君出塞后不久，汉元帝就去世了，16岁的汉成帝继位。汉成帝可不像他的先祖一样勤奋工作，他是一个喜欢酒宴和美女的人。汉成帝的母亲王政君作为太后很有手段，王氏一族权倾朝野。像这种娘家亲戚掌握朝政的情况被称为"外戚专政"。

昭君出塞

🌀 王莽篡汉

王姓外戚势力越来越强大，其中王政君的侄子王莽很有声望。汉平帝在位期间，王莽任大司马，代理政事。公元6年，汉平帝去世，王莽怕权位不保，便立年仅两岁的孺子婴为皇太子，他自己为摄皇帝。公元9年，王莽去掉了"摄"字，自己当上了真皇帝，改国号为"新"。

汉武帝时代设立的西域都护府在汉哀帝、汉平帝期间也都变得乱七八糟，分割成了五十五国。

汉匈翻脸

王莽当上皇帝后，一改之前汉朝几位皇帝对匈奴的政策，开始蓄意贬低匈奴。比如将汉宣帝颁给呼韩邪单于的金玺要了回来，另发一个印章，又将"匈奴单于"的称呼改为"降奴服于"，还要给匈奴分封十五个单于，力图将匈奴分散治理，这一系列动作使匈奴单于大为不满。匈奴单于因为皇帝王莽已经不姓刘了，而他的祖先归顺的是刘姓汉朝，所以直接起兵入侵汉朝边境。汉匈几十年的和平毁于一旦。同时，西域诸国也同新朝断绝关系，丝绸之路在这时中断了。

新朝覆灭

王莽建立新朝后，实行了大量新的经济政策，其中有许多理想化的措施，在当时难以被百姓接受，人民生活十分困苦，多地爆发起义。汉朝皇族刘姓子孙也在这时反抗新朝，内忧外患之中，新朝只存在了十五年便灭亡了。

公元25年，汉高祖刘邦的九世孙刘秀在洛阳重建了汉朝，史称"光武帝"，因为有新朝分割，之前的汉朝史称"西汉"，刘秀之后的汉朝史称"东汉"。

丝绸之路东汉篇——三绝三通

《后汉书》里写道："自建武至于延光，西域三绝三通。"东汉建立后的第一个百年间，丝绸之路曾三次断绝，三次畅通。这"三绝三通"的过程是怎样的呢？

一绝：王莽篡（cuàn）汉，西域诸国与王莽政权断绝外交关系，匈奴也翻了脸，劫掠中原，攻占西域，丝绸之路断绝。

一通：公元 73 年，班超出使西域，使各国达成共识归附汉朝，共同对抗匈奴。东汉与西域重新建立联系。

二绝：三年后汉章帝继位，外交政策改变，主张放弃西域，匈奴趁机侵占多国。

二通：班超率部留在西域，稳定了西域局面，并派甘英出使大秦（罗马帝国），远至波斯湾，使多国归服，丝绸之路复通。

三绝：班超在西域稳定局势三十余年，71 岁病逝。东汉政权动荡，没有力量再去管理西域，"遂弃西域"。

三通：公元 123 年，班超之子班勇出任西域长史。班勇大破北匈奴，又使焉耆（Yānqí）、尉犁（Yùlí）、危须三国归服，重新打通了丝绸之路。

班氏三父子

班氏出身汉朝显贵，也是儒学世家。班彪和儿子班固、班超合称"班氏三父子"。

班彪很有才学，是当时著名的史学家，收集了大量史料，以改正当时人们在历史方面的一些谬（miù）误。

班固在父亲留下的资料基础上，历时二十余年修成《汉书》。

班固的弟弟班超本来靠替官府抄文书来维持生计，但心怀天下的他不甘于此，投笔从戎，率三十六人出使西域，在三十一年的时间里，平定了西域五十多个国家，再建西域都护府，击退匈奴势力，挫败了贵霜帝国（大月氏人建立）的入侵，确保了西域的安全和丝绸之路的畅通。

◎ 投笔从戎

班超，字仲升，是班彪的小儿子，从小胸有大志，做事勤谨。他父亲和兄长虽然做官，但家里条件仍然很艰苦，班超便为官府当抄写员赚钱奉养母亲。

班超曾经抄着抄着，把笔一扔，感叹道："大丈夫即使没有其他志向，也应该效法傅介子、张骞在异域立功，以博取封侯的机会，怎么能总活在这些笔砚中呢？"左右的人听了都笑话他，班超却说："你们这些人哪知道壮士的志向！"这之后，班超随军出击匈奴，立了很多战功，证明了自己的本事，也实现了自己的志愿。

◎ 《汉书》

《汉书》是中国第一部纪传体断代史，主要记述了公元前206年至公元23年共二百三十年的史事。《汉书》包括纪十二篇，表八篇，志十篇，传七十篇，共一百篇八十万字。

🌀 不入虎穴，焉得虎子

班超出使西域的鄯（shàn）善国。鄯善王开始时很友好，后来突然冷淡了下来，班超敏锐地察觉到这其中有鬼。班超便叫来服侍他们的人，突然诈问："匈奴使者来了多久了？"侍者吓了一跳，把真实情况吐露了出来。

匈奴使者真的来了，这对班超的外交工作造成了极其不利的影响。班超便召集三十六名部众，说："要是鄯善王决定和匈奴友好，就会把我们都抓起来杀掉。不入虎穴，焉得虎子！只有除掉匈奴使者，我们才能完成任务。"

班超突袭匈奴营地

在班超的鼓动和带领下，这个三十多人的小部队在夜里奇袭匈奴的营地，消灭了一百多名匈奴使者，彻底断了鄯善国与匈奴合作的后路。鄯善国的国王只好把儿子送去汉朝作人质，从此与汉朝结盟。

平定诸国

公元 78 年，班超攻破姑墨石城（今新疆温宿县城西北），之后上书请兵，想要趁机平定西域。公元 84 年班超进攻莎车（今新疆莎车县）。当时已经投降的疏勒王被敌人利诱而反叛，班超将计就计，在他们诈降时将其斩首，自此打通了南方的通道。

在之后的数年里，班超降伏了莎车、月氏等国，西域诸国大部分都归降汉朝。公元 94 年，西域五十余国都已归附于汉。

甘英

甘英是班超的部下，奉班超的命令出使大秦（罗马帝国）。甘英率领使团从龟兹（Qiūcí，今新疆库车）出发，访问了条支诸国，到达了安息西界，也就是幼发拉底河和底格里斯河的入海处——波斯湾沿岸。甘英出身于内陆，对海上航行知之甚少，便在此止步不前。

不过就算这样，甘英也是史书所载的第一个到达波斯湾的中国使臣。从那以后，中国人知道了欧洲，了解到安息以及罗马帝国的风物，同时，罗马人也从此了解到更真实的中国。

公元 99 年，有一位叫梅斯的罗马富商组建商队，从地中海东岸启程，沿丝绸之路，经由安息、贵霜、大夏进入中国，又沿着南丝绸之路，经于阗、墨山、楼兰、敦煌，最后在公元 100 年抵达当时的东汉都城洛阳。

汉和帝接见了这队罗马商人，并赐金印紫绶，这件事还被记载在《后汉书》中，是当时的一件盛事。

甘英出使

🌀 佛教传入

丝绸之路不光是贸易之路，还是信仰之路。随着经济繁荣、交通开放，印度教、摩尼教、犹太教、基督教、佛教等宗教都在通过丝绸之路展开传播。

古印度的君主阿育王大力推崇佛教，到了公元1世纪，佛教对贵霜帝国影响至深，并由此传入中国。《魏书》里记载，汉武帝时，霍去病在平定西域过程中缴获的金人，很可能是一尊佛像，后来被放置在甘泉宫，烧香供奉，佛教很可能从这个时候开始传入中国。张骞出使西域带回了身毒（古印度）的信息，人们开始知道了那里有更系统的佛教教义。

据历史记载，中国信仰佛教的第一人很可能是光武帝之子楚王刘英。到了东汉第二位皇帝汉明帝时，汉明帝刘庄做了个奇怪的梦：一个带有白光的金人飞过宫殿。古人坚信梦是某种兆示，汉明帝觉得这个梦很不一般，便召来大臣们研讨，有大臣跟皇帝说这可能和佛法有关。随后，汉明帝便派人西行到天竺求佛法。

使臣们用白马驮载佛经和佛像，与两位天竺僧人一同回到洛阳，并被安排在"鸿胪（lú）寺"（相当于现在的外交部）暂住。后来，汉明帝兴建僧院，为纪念白马驮经，取名"白马寺"。"寺"字即源于"鸿胪寺"中的"寺"字，后来"寺"成了中国佛教院宇的泛称。

🌀 狮子来了

汉章帝时期，安息送来了狮子，让汉代宫廷中的人第一次见到这种猛兽。

狮子在佛教中也很神圣，随着佛教传入，狮子图案越来越多地出现在文化艺术作品中。

🌀 汉代丝绸之路的影响

丝绸之路开通后，中国的丝织品在欧洲享有盛誉，特别是罗马帝国，将中国的丝织品当作珍贵物品，称中国为"丝国"。当年罗马共和国执政官恺撒曾穿着丝袍出现在剧场，轰动一时，后来穿中国丝袍成为罗马上层的社会风尚。

而到了公元 1~2 世纪，罗马商人得益于丝绸之路进行往来贸易，经济繁荣发展。比如著名的罗马玻璃器，就在丝绸之路沿线热销。位于现在阿富汗西北部的大月氏王陵中就出土过公元 30 年左右的罗马玻璃器和罗马钱币。而在我国洛阳一座东汉陵墓中也出土了一只长颈吹制玻璃瓶，是典型的罗马玻璃制品。

丝绸之路沿线在那时已经成为日益繁荣的经济带，成群的商人在那儿聚集，形成大规模交易市场，进行东西方商品的自由贸易。

丝绸之路魏晋南北朝篇——多元

。魏曹丕

三国鼎立

。吴孙权

。蜀汉刘备

东汉末年，经历了军阀混战之后，中国大地上出现了魏、蜀、吴三国鼎立的局面。

曹操先后击败吕布、袁术、袁绍等军阀，基本上统一了北方，然后采取了一系列恢复生产和发展经济的措施；蜀汉政权依仗剑阁、三峡之险，控制了今天四川、云南和贵州的部分地区，因为其实力相对较弱，所以外结孙吴，内修政理，西和诸戎，南抚夷越，在稳定政局的同时发展经济，并着力维护同西南少数民族的关系；占据江南地区的孙吴则对江南进行了进一步的开发，推动了铸造业、造船业的发展，催生了海上交通。

🌀 和戎扶夷

蜀汉的南中（今云南、贵州和四川西南部）地区生活着许多少数民族，东汉末年，朝廷对他们非常不好，引起了少数民族人民激烈的反抗。蜀国在那个地方想要长治久安，就必须处理好同南中少数民族的关系。

公元223年，刘备死后，少

主刘禅（shàn）继位，蜀国政权不稳，南中又发起了反叛。公元225 年，蜀国丞相诸葛亮亲自率军南征，军事战和心理战一同使用，七擒七纵孟获的战役就发生在此时。孟获是南中一位很有威望的少数民族首领，诸葛亮七次抓到他又七次放走，终于使孟获心服口服，归降蜀汉。战后，诸葛亮任用当地人治理，不留兵，不运粮，极大程度地取得了南中人民的信任，从此，南中各族归心，不再反叛。

南中安定后，先进的生产技术在当地得以推广，汉族和西南少数民族也建立了友善关系。

◎ 吴国造船业

造船业在吴国最为发达。吴国在当时的建安郡侯官（今福建省福州）设典船校尉，专管造船。那时造出的船就有上下五层，能容纳三千士兵。

吴国多次派船队出海，浩浩荡荡的船队曾北至辽东半岛，到达高句丽，南至海南岛、台湾岛等。

◎ 南海往来

公元226 年，大秦的商人来到东吴面见孙权。同一年，吴国使者出使南海。243 年，扶南（又称真腊，今柬埔寨）王又派使者到访东吴，带来了当地的特产和文化，林邑（邑音 yì，今越南南部）、堂明等国也遣使来吴。那时，吴国与波斯、天竺等国也来往频繁，中国和南海诸国就这样建立了往来。吴国的航海活动为后来海上丝绸之路的发展起了重要的推动作用。

丝绸之路唐朝篇——城市

汉朝末年，中原政权动荡不安，北方突厥（jué）人及西域多国发展壮大。

公元630年，唐朝初年的太宗皇帝率军击败了东突厥贵族政权，并和西突厥加深了友好关系，接着又扫除了高昌、焉耆、龟兹等国。公元640年，唐朝在西域设立安西都护府，不久后又统一了漠北地区，自此丝绸之路繁荣畅通。

唐朝的丝绸之路已经发展到历史上的极盛时期。但由于从西域抵达都城长安的路途十分遥远，当时的交通也不发达，商队不可能作横贯丝绸之路的旅行，所以贸易是通过一站一站转运的，因此在沿途出现了许多区域性的贸易中心，除了都城长安外，武威、张掖、酒泉、敦煌等都是当时主要的外贸城市。

🌀 长安

长安是西安的古称，地处于关中平原，曾是十三朝古都，从它的名字就可以看出历代统治者对长治久安的期待。长安是中国历史上影响力最大的都城之一，也是世界文明史上重要的城市，与雅典、罗马、开罗并称世界四大文明古都。

公元618年，李渊建立唐朝，改大兴为长安，进一步对宫殿进行了增建和修缮。这时候的长安，自丝绸之路开辟之后，不仅是中国的政治中心，更成为了东方文明的中心，乃至世界经济的中心。那时长期生活在长安的外国人非常多，据资料显示，仅突厥人就有一万家，其余还有商人、佛教僧侣、各国质子（古代派往他国的人质）、使臣和交流学生等。《资治通鉴》中记载："胡客留长安久者，或四十余年，皆有妻子，买田宅，举质取利，安居不欲归。"安史之乱后，因西域道路不通，一些西域使者就选择留在长安安家、定居。还有不少胡人开设了饭馆、酒馆，在长安做起了生意。随着经济、文化的飞速发展，长安已然成为一座繁华的国际化都市。想必那时在长安长大的小孩，看见外国人早就不以为奇了吧。

驿站

唐朝时，驿站达到空前繁盛的阶段。驿站的任务包罗万象，既负责国家公文书信的传递，又负责传达紧急军事情报，还兼管平息内乱、追捕罪犯等各种事务。据文献记载，那时全国有水驿 260 个，陆驿 1297 个，专门从事驿务的员工共有两万多人，其中驿夫就有 17000 人。

◎ 唐三彩

唐三彩是一种盛行于唐朝的低温釉（yòu）陶器，一般用于随葬。唐三彩拥有黄、绿、白、赭（zhě）、褐、蓝、黑等多种色彩，其中以黄、绿、白三色为主，所以人们习惯称之为"唐三彩"。在烧制的过程中，各种矿物成分使釉色互相糅（róu）合，使得成品绚丽多彩。

唐三彩作品虽然在当时的用途是明器（陪葬品），但因为它们非常明艳漂亮，即便是现代人也都非常喜欢。

唐三彩

◎ 繁荣的商业

唐时的长安城内有东西向的大街14条，南北向的大街11条，把住宅区隔成了108个坊，这种城市规划令后人都啧啧称奇。长安城正中南北向的朱雀大街把全城分为东西两部分，每个部分里又有一个商业区，分别叫作"东市"和"西市"，直到如今，人们还把进行商品买卖的地方称作"市场"。

《长安志》里写道："街市内货财二百二十行，四面立邸（dǐ），四方珍奇，皆所积集。"许多西域商人，甚至大食、波斯等远道而来的外国商旅都聚集于这里。

洛阳是唐朝的东都，亦是唐朝的第二大城市。洛阳城里设有南市、北市和西市，集市

客商入城

唐朝的"护照"

之中店铺林立，货贿如山积。

广州、泉州、明州等地是唐朝当时重要的外贸港口。

除了这些大的贸易区，地方州县也有贸易交易场所，唐朝的商业呈现出一片繁荣的景象。

☁ 唐朝的"护照"

唐朝也有护照，那时称为"过所"，远行的客商都要向所在地官府申请，写明本人身份、随员人数和特征等情况。现在新疆维吾尔自治区博物馆收藏的两件"过所"，是公元732年的，上面有商人经过的州、县官员的签字和经过时间，那些字迹时隔千年之后仍然清晰。

丝绸之路唐朝篇——宗教

从 4 世纪开始，佛教已经传遍中国西北地区。北魏王朝为了证明自己政权的合法性，开始大力推广佛教，他们在自己的疆域里大规模建造寺院、佛像。

隋朝的皇帝隋文帝从小生活在寺庙里，是个虔诚的佛教徒，在他的影响下，佛教更加兴盛。

唐朝也是宗教兴盛的时代。唐朝的皇帝姓李，道教始祖老子也姓李，所以道教在唐朝被尊为国教。到了武则天时代，为了自己的政治需要，她大力推广佛教，使得佛教地位大大提升。排除政治因素，唐代本来就对宗教持宽容态度，除了道教、佛教，景教、摩尼教等多种宗教也都在当时有一定影响，这和许多外国商人、使节在唐生活有关，归根结底也是因丝绸之路的繁荣，造就了宗教文化的兴盛。

☁ 佛经

佛经是佛陀说过的话的汇编，是佛教典籍，按照内容分为经、律、论三藏。通达佛法能为众人讲说的人称为"法师"，遍通经、律、论三藏的称为"三藏法师"，如唐三藏法师玄奘（zàng）。

佛像

法门寺

法门寺位于今天的陕西省宝鸡市扶风县，始建于东汉，法门寺的真身塔中藏有释迦牟尼佛指舍利，法门寺也因此成为举国仰望的佛教圣地。唐高宗、武则天以及他们的儿孙后代皇帝，先后七次迎法门寺佛指舍利到长安和洛阳的皇宫中供奉。

法门寺地宫是迄今所见最大的塔下地宫，共出土了两千多件大唐国宝重器，为世界寺庙之最。

龙门石窟

龙门石窟开凿于北魏孝文帝年间，之后经过数代的修建，今存有窟龛（kān）2345 个，造像 10 万余尊。其中规模最大的就是卢舍那大佛，是按照武则天的形象塑造的。

龙门石窟与莫高窟、云冈石窟、麦积山石窟并称"中国四大石窟"。

玄奘西行

《西游记》是小朋友们非常熟悉的故事，师徒四人和白龙马不畏艰险走了十万八千里，千里迢迢去西天取经。他们取的就是佛经。

《西游记》是有原型的，玄奘法师也确有其人。不过，玄奘法师可没有法力高强的徒弟，也没有漫天神佛护佑，他真的是一步一个脚印，一个人穿过西域多国以及茫茫大漠、高山险岭，慢慢走到印度去的。甚至，玄奘法师也不是小说里唐太宗李世民的"御弟"，而是因为西域有战事，皇帝没有批准他出国，是他自己私自出去的。

玄奘法师到达印度佛教中

玄奘西行

心那烂陀寺，前后历经十七年，他精习佛法，无私讲经，为佛教的传播和研究作出了巨大贡献。他带回来了大量佛舍利、佛像、佛经，还翻译了许多佛教著作，是重要的佛教法师，也是中外交流的使者。

🌀 鉴真东渡

佛经译本

鉴真原姓淳于，公元 742 年，他应日本僧人邀请，先后六次东渡，历尽千辛万苦，终于在 754 年到达日本。他留居日本十年，带去了先进的唐朝文明。现在日本奈良市著名的唐招提寺就是他主持建造的。

丝绸之路唐朝篇——文化

　　唐朝时候，东亚朝鲜半岛上有新罗，再往东边有隔海相望的日本。南亚中南半岛上，安南是唐的属国，林邑、真腊等国实力都不强。印度半岛内战频繁，处于分裂状态。更远一点的波斯也处于混乱中。大食是阿拉伯帝国，当时十分强盛，是西方的强国。

　　吐蕃（bō）王朝在唐朝时崛起，成为西藏历史上第一个有明确史料记载的政权。

　　吐蕃是今天藏族的祖先，"赞普"是对吐蕃君主的称呼。公元 7 世纪初，吐蕃赞普松赞干布先后征服了西藏高原的其他部落，统一了西藏。

胡椒来了

胡椒传入中国

　　大食原本是伊朗一个部族的名字，从唐朝开始，中国人称他们为"大食"。因为唐朝同这个地区的友好往来，使绿宝石、胡椒先后传入中国。

松赞干布

文成公主

🌀 松赞干布与文成公主

松赞干布是吐蕃王朝开国之君，在位期间进行了多方面的改革。后来，松赞干布向唐朝求亲。公元 641 年，唐太宗将一位宗室女封了公主，嫁给了他，这就是文成公主。文成公主入藏，带去了谷物的种子、工匠的技艺及汉族的文化。文成公主在藏民心中也备受赞誉。自此以后的两百年间，凡新赞普即位，都会请唐朝天子"册命"。

胡旋舞

唐朝的舞蹈分健舞和软舞两种，健舞舞姿雄健，软舞舞姿柔美。

胡旋舞是由西域传来的民间舞，属于健舞，是唐朝最盛行的舞蹈之一。胡旋舞节拍鲜明紧凑，奔腾欢快，舞步也多是旋转蹬踏，所以叫作"胡旋舞"。白居易曾写诗描绘过胡旋舞，"胡旋女，胡旋女。心应弦，手应鼓。弦鼓一声双袖举，回雪飘飘转蓬舞。左旋右转不知疲，千匝万周无已时。"

胡旋女在鼓乐声中翩翩起舞，舞姿似空中的雪花，也像风中的蓬草，旋转不知疲倦。诗句将胡旋舞节奏明快的特点描写得淋漓尽致。

毕罗饼

毕罗饼是西域番邦传入唐朝的特色食品，在当时的长安等地非常流行，长安城里有许多毕罗饼专卖店。毕罗饼有阔片、细长、厚片等多种形状，配以蟹黄、天花、猪肝、羊肾等多种馅料，老百姓吃毕罗饼常常搭配大蒜一起食用。

马球

🌀 琵琶

琵琶是一种传统拨奏弦鸣乐器，左手按弦，右手弹拨。右手从右向左推弹称为"批"，从左向右回拨称为"把"，所以古人最早管这种乐器叫"批把"，后来才写为"琵琶"。

秦汉时期的琵琶是直项琵琶，到了魏晋南北朝时期，从西域传入了曲项琵琶。到了唐朝，人们给曲项琵琶设四弦四柱，同时也涌现出了大量琵琶演奏家，贺怀智、段善本更是高手中的高手。

🌀 马球

击鞠（jū，极似现代的马球）亦称马球或击球，在唐朝球类运动中最为盛行。关于击鞠的起源，有学者认为击鞠是在唐朝由波斯（今伊朗）传至吐蕃（今西藏地区），再由吐蕃传至中原地区的；另有学者认为击鞠是古代中国人自创的，东汉时期可能已经出现。

唐朝的宫廷里、都城里，还有许多城市里都修建了马球场，各个阶层的人们都为之着迷，甚至连女子也会参与到马球运动中去。

琵琶

丝绸之路宋朝篇——经济

　　丝绸之路自汉朝开创，唐朝开拓，在不断的发展过程中已然成为中国与西域交流的友谊桥梁。与前代相比，宋代经济中心和政治中心南移，加上航海技术的进一步发展，海上丝绸之路得到发展，海陆交通开始迅速繁荣起来。

❀ 宋朝海上丝绸之路

　　宋朝重视商业的政策带动了海上丝绸之路的迅速发展，且同中国贸易的地区已扩大到非、欧、美各大洲。海上丝绸之路进入鼎盛阶段。

❀ 香料

　　宋朝时从国外进口的香料就达一百多种，其中常见的有龙涎香、沉香、檀香、丁香、麝香等数十种。宋朝香料的用途很广，可以入药、食用、化妆、熏衣、敬神、制烛、防疫，乃至建筑等等。

宋瓷

宋朝是中国陶瓷发展的辉煌时期，不管是在种类、样式还是烧造工艺等方面，均位于巅峰地位。我们现在熟知的景德镇瓷器也是从宋朝开始有名的。

烧造瓷器的窑厂在宋朝遍布全国。五大名窑——官窑（在今河南开封）、钧窑（在今河南禹州）、汝窑（在今河南汝州）、定窑（在今河北曲阳）、哥窑（在今浙江龙泉）所烧制的瓷器各具特色。据史料记载，宋朝的瓷器有很多都销往了海外。

交子

交子，是世界上最早使用的纸币，发行于北宋前期的四川地区。最初的交子实际上是一种存款凭证，相当于现在的支票。交子上印有图案，还要签押做暗记，就是为了起到一定的防伪作用。持有交子的人到交子铺兑换现金时，要支付一定的佣金。交子便于携带，促进了当时经济的发展。

◎ 发达的丝织业

宋锦，因其主要产地在苏州，故又称"苏州宋锦"。宋锦色泽华丽，质地坚柔，被赋予中国"锦绣之冠"之称。它与南京云锦、四川蜀锦一起被誉为我国的三大名锦。

◎ 招徕外商

宋朝政策是实实在在地繁荣了经济，主要体现在外交上，不只是彰显大国天威，而且是真的加强对外贸易，以增加财政收入。

早在宋太祖时，为了招徕（lái）外商，皇帝特别派遣内侍携带诏书和财物，分别去往南海诸国促成贸易合作，并购买了大量香料、珍珠、犀角等当时十分珍贵的商品回国。

商行

榷（què）场

榷场是宋、辽、金、元各在边境所设的交易市场。场内贸易由官吏主持，除官营贸易外，商人须先纳税、交牙钱，领得证明文件后才能交易。榷场贸易的兴衰与国家商税收入有很大关系。

南海一号

"南海一号"是南宋的一艘在海上丝绸之路失事沉没的木质古沉船，是迄今为止世界上发现的年代最早、船体最大、保存最完整的海上沉船，也是国内发现的第一个沉船遗址。

据考古学家推测，当时这艘商船装载了大量珍贵货物，从福建泉州港驶出，准备远赴新加坡、印度等国，甚至到中东地区进行贸易。

经过打捞，目前发现金、银、铜、铁、瓷等货物十万余件，其中以瓷器为主，再一次证实了宋朝瓷器制造业的繁荣、技术手段的进步和对世界造成的巨大影响。

丝绸之路宋朝篇——技术

随着指南针广泛应用于航海，宋朝的造船技术和航海技术明显提高，中国商船的远航能力大为增强。因此宋朝海上丝绸之路的发展逐渐繁盛起来，中国丝绸和瓷器远销到海外，同时也带回来了很多外国特产。

船尾舵

司南与航海罗盘

司南是中国古代辨别方向用的一种仪器，最早出现于战国时期。古人把磁石磨成一个勺形，放在一个刻着方位的盘上，利用磁铁指南的特性辨别方向。

航海罗盘指南针也叫罗盘针，北宋的海船是世界上最早利用罗盘针进行海上导航的。

北宋时期，指南针已经得到普遍使用，人们也掌握了利用天然磁石进行人工磁化的技术。到南宋时期，海上贸易十分繁荣，人们能够远跨重洋进行贸易，就是得力于这种能让人们不管是在阴雨的白天，还是没有星星的夜晚，都能准确判断方向的技术。

罗盘

司南

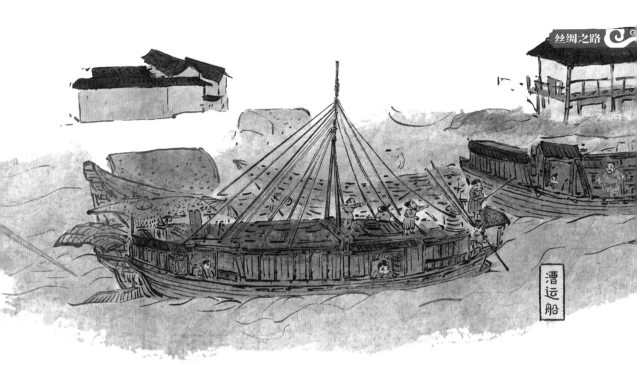

漕运船

造船业

宋朝造船产业分官营和私营两种模式，无论哪种经营模式下的造船坊，产量都十分惊人，种类也很多样。那时的船有在内河行驶的纲船（漕运船）、座船（客船）、游船等，还有在海上远途行驶的海船。

同时，因为造船技术的提升，宋朝船只体积都非常巨大，荆湖地区最大的内河船叫"万石（dàn）船"，载重量约为660吨。

宋徽宗时造出的出使高丽的大海船，载重量可达1100吨。

宋朝海船"上平如衡，下侧如刃"，是一种吃水深、抗风浪效果好的尖底船，这样的形制还有利于快速航行。

宋朝工匠在船的尾舵、船楼、船锚、桅（wéi）杆等多个部位都做了技术提升，宋朝造船技术在当时世界上处于非常先进的水平。

宋代海船

🌀 南海神庙

南海神庙（坐落于广州黄埔区）又称波罗庙，是中国四大海神庙中唯一保存下来的规模最大、最完整的海神庙，距今已有 1400 多年的历史。它是古代皇帝祭祀海神的场所，也是古代海上丝绸之路的发祥地之一。

丝绸之路元朝篇——来客

　　元朝是中国第一个由少数民族建立起来的大一统王朝，在忽必烈的低税、保护等政策下吸引了各国商人来华通商，商业的繁荣程度居世界领先地位。后来，强大的阿拉伯帝国的帆船队被元朝西征军打败，元朝的海外活动范围也远远超过了前代。

忽必烈

　　忽必烈，大蒙古国的末代可汗，同时也是元朝的开国皇帝。1271年建国号为"大元"，以大都（今北京）为首都。1279年消灭了流亡在崖山的南宋残余势力，完成了全国的大一统。他是少数能够重视汉文化、推崇儒术的蒙古统治者之一。

马可·波罗

　　说到元朝的海上丝绸之路，必须提起一个欧洲人，一个时代的象征——马可·波罗。马可·波罗17岁时跟随父亲和叔叔前往中国。他在中国游历了17年，曾访问过中国的许多城市。后来，马可·波

马可·波罗

罗返回威尼斯,由他口述,他人记录,写出《马可·波罗游记》,并在欧洲广为流传。很长一段时间里,欧洲人都是通过这本游记了解中国的,西方地理学家还根据书中的描述,绘制了早期的世界地图。

茶叶

元朝的茶道吸收了唐宋的精华,同时根据少数民族的文化特点,发展出了自己独特的饮茶习俗。比如酥茶、炒茶、西番茶等,现在还保留这种饮食特色的是蒙古族的奶茶和藏族的酥油茶。

茶叶

海运

"终元之世,海运不废。"（语出《大学衍义补》）是说元朝一直有固定的海运活动,海运是元朝重要的运输形式。所以,元朝的海运管理机构十分完备,海运保障体系也很完善。

贸易口岸

京杭大运河

· 元朝忽必烈下令继续修凿大运河，使大运河直通南北，漕运从此经由江苏淮安直抵元大都。

海外贸易

因为海外贸易可以充实国库，所以元朝极力支持。行泉府在那时经管海外贸易，统辖海船达 15000 艘。

民间从事对外贸易的商人也获利极多，通过与外国人做买卖变得富有的大有人在。

商业繁荣

元朝统治者受儒家重农抑商思想的影响较轻，商业呈自由发展之势，而且为了配合商业发展，元朝实行了世界上最早的全面流通纸币的制度。元大都成为繁华的商品交易市场。

元朝鼓励商业到什么程度呢？它实行"重利诱商贾"的政策：传统商业税率为三十税一，即商人收入的三十分之一要交税，而元朝统治者为了鼓励商业，在一些大城市实行了四十税一、六十税一，甚至不纳税的优惠政策。进口商品只要交十分之一或十五分之一的"抽分例"，便可以不受任何限制。这样的政策使各地商业繁荣，外国商旅蜂拥而至，各类货源都极其丰富。

火铳

🌀 火器

元朝是火器时代，能征善战的元代大军更是在长期的战斗中，摸索发明出了世界上最早的金属火器，金属管形火铳（chòng）就是其中的一种。这种武器比从前的"火枪""突火筒"完善得多。

🌀 六胜塔

六胜塔又名万寿塔、石湖塔，位于福建省石狮市石湖村，是海上丝绸之路的第一座灯塔。以石塔作为航标本来就很特别，但它还有另一个与众不同之处，就是每层塔的横梁上都刻着建造者的姓名和时间。

六胜塔

丝绸之路明朝篇——远航

明朝开辟了世界性海洋贸易新时代，这一时期的海上丝绸之路航线已扩展至非洲。但是，这个时代的商业活动常常伴随着战争，明朝政府为了巩固海防，制定了一系列海禁政策，最后甚至作出禁止海运的决定，海上丝绸之路由此中断了。

茶马古道

茶马古道是我国西南地区的通商要道，是中国西南民族经济文化交流的走廊，是另一条丝绸之路。历史上的茶马古道并不是只有一条，而是一个庞大的交通网络。

人们用马匹运送茶叶，再换回更多的马匹，茶马古道因此得名。当然，除了茶叶和马匹，布匹、盐、瓷器及其他日用品也是经由茶马古道交易的商品。

❂ 青花瓷

青花瓷常简称青花，以制作精美著称，是中国瓷器的主流品种之一。青花瓷烧成后光亮净透，有呈色稳定的特点，青花绘画还会带有一些阿拉伯的元素。明清时期是青花瓷器发展的一个高峰。

青花瓷蓝白相间，十分淡雅，既体现了中国人的淡泊，又因其器形多样，经久美观，体现了阿拉伯文明所追求的饱满精美。到现在青花瓷仍受到追捧，我们如今还能经常见到青花瓷制品。

❂ 郑和

郑和以前叫马和，小字三保，后世也称他为三保太监。因在靖难之役中跟随燕王朱棣有功，被赐"郑"姓，还被提拔为内官监太监。

郑和是我国著名的外交家、航海家，堪称是"大航海时代"的先驱。郑和下西洋是中国古代规模最大、时间最久的海上航行。

福船

福船是中国古代海船中的一种船型，是中国"四大古船"之一。福船适合于海上航行，可以作为远洋运输船和战船。据古籍记载，我国明代水师以福船作为主要战船。

伟大航程

按照《明史》中记载，明成祖永乐皇帝想"耀兵异域，示中国富强"，又怀疑那个被他赶下皇位消失得无影无踪的侄子"亡海外，欲觅踪迹"。1405 年，明成祖命郑和率领船队扬帆探索西洋。

从这一年开始，郑和先后七下西洋。规模浩大的明朝船队跨越亚洲、非洲，沿途经过占城（越南中南部地区）、真腊、暹（xiān）罗（泰国）、满剌加（马六甲）、彭亨（马来西亚）、竹步（索马里）、麻林（肯尼亚）等三十几个国家和地区。船队满载瓷器、茶叶、铁器、丝绸等物品，与各地进行了商品交易，并向沿途国家君主慷慨赠送礼物，建立了友好的外交关系，表达了促进贸易的美好愿望。

郑和下西洋最远到达非洲东海岸，是世界航海史上的突破。

郑和船队

当时先进的造船技术给郑和的船队提供了技术支持。据史书记载，著名的郑和宝船（因满载宝货而得名）可以长达四十四丈四尺，宽十八丈，也就是 146.67 米长，50.94 米宽。这种船连它的铁锚都需要二三百人才能搬动。这实在是太令人叹为观止了。

《西域行程记》

《西域行程记》是明代官员记述出行西域历程的著作，原名《使西域记》。明朝使团经过十七个地区，除部分在中国内，其余的都在现在的中亚地区。回国后，陈诚、李暹将这段出行经历，以及所历地区的山川、物产、风俗等，编成《使西域记》进献给了皇帝。

《西域行程记》

《郑和航海图》

七下西洋

丝绸之路上的重要港口

海上丝绸之路开拓发展以后，我国有许多港口已成为与各国进行文化和贸易交流合作的重要港口。宋元时期大力发展海上丝绸之路，使一些港口得到极大的发展，比如泉州港。可是，由于明朝的海禁政策，泉州港逐渐衰落，幸运的是广州港在这样的环境下依然生存和发展着。

泉州港

泉州港古代称为"刺桐港"，距今已有一千三百多年历史。当时泉州港相当于中国海关的总关，是世界千年航海史上与埃及亚历山大港齐名的、联合国唯一认定的海上丝绸之路起点。泉州也被著

名旅行家马可·波罗写进游记中，受到了世界的瞩目。明代限制泉州港只通琉球，使泉州港对外贸易受到极大限制。

✆ 我国当代十大港口城市

港口，作为我国地区经济发展的重要推动力，它带来的不仅仅是经济的飞速发展，更会吸引大量的文化进入，汇聚更多的优质资源。我国当代十大港口分别是：上海港、宁波港、天津港、广州港、青岛港、秦皇岛港、大连港、深圳港、舟山港和营口港。

🌀 广州港

广州港是中国第四大港口，吞吐量居世界第五位，是中国古代海上丝绸之路的发祥地之一。早在秦汉时期，广州港就是中国对外贸易的重要港口，也是明清两代中国唯一的对外贸易大港，是世界海上交通史上唯一一个两千多年长盛不衰的大港。

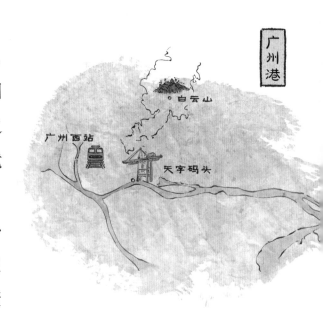

🌀 港口对海上丝绸之路的贡献

港口对于一个国家的发展起着非常重要的作用。港口是海上丝绸之路的交通枢纽，可以拉动经济的发展。同时，港口周边地区又可以发展加工工业，这促进了各国物质和文化的交流，加速了文明的传播。

丝绸之路上的重要城市

　　陆上丝绸之路是中国古代通往西域、欧洲的主要交通要道，连绵 1.4 万余里，如果单靠步行，得走一年多。丝绸之路从长安或者洛阳出发，通过河西走廊，到达敦煌。在敦煌这里，丝绸之路一分为二，南路经过楼兰、莎车等国，到大月氏、安息，最后到达大秦；西路从龟兹、疏勒路过，经过大宛，又经安息到达大秦。

　　这条路上有许多辉煌的节点，它们有的随历史的风尘消逝，只留下遗迹凭我们回想；有的依然繁荣不息，笑对四面八方。

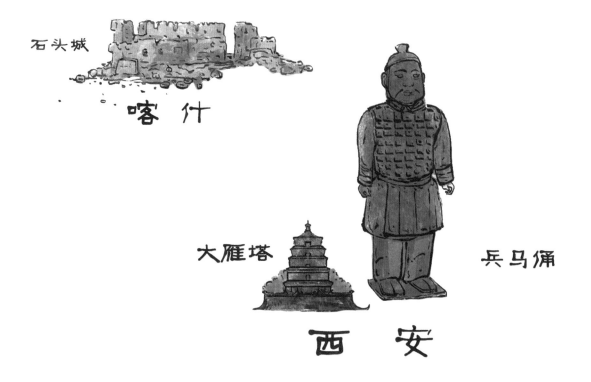

石头城

喀 什

大雁塔

兵马俑

西 安

河西走廊

河西走廊，古称雍州、凉州。河西走廊曾是佛教东传的要道与第一站、丝绸之路西去的"咽喉"。其辉煌从西汉开始一直延续到民国。从先秦时期的马家窑文化、齐家文化，再到悠久的宗教融合、民族融合，尤其是佛教，西域高僧、大师云集。古代四大译经家有三位与河西走廊有着深厚渊源，足见河西走廊在中国佛教的地位。

敦煌

敦煌位于今天的甘肃省，被誉为丝绸之路上的明珠，是国家历史文化名城，历来为丝绸之路上的重镇。这里的名胜古迹层出不穷，其中以莫高窟、鸣沙山、月牙泉、两关遗迹、雅丹国家地质公园、西湖阳关湿地等景区最为神奇，令人惊叹。

莫高窟

莫高窟又称"千佛洞"，因地处莫高镇而得名。它是我国最大、最著名的佛教艺术石窟。南北全长1600多米，现存石窟492个，壁画总面积约45000平方米，彩塑佛像等造型2100多身。洞窟最大的有200多平方米，最小的不足1平方米。最高的弥勒坐像有35.6米，小的佛像则只有10余厘米。

阳关

"西出阳关无故人"里的阳关与玉门关一样，是通往西域的要道，是西域的门户，因坐落在玉门关之南而取名阳关。阳关作为通往西域的门户，又是丝绸之路南道的重要关隘，是古代兵家必争的战略要地。

旧《敦煌县志》把玉门关与阳关合称"两关遗迹"，列敦煌八景之一。

现代丝绸之路

明清两代政府闭关自守，导致丝绸之路一度封闭。回顾历史，正是古代陆上和海上丝绸之路，促进了欧、亚、非大陆人们文化、科技、经济的发展。在人们联系日益紧密的新时代，我们需要新的丝绸之路。

新亚欧大陆桥

如今，人们用更先进的科技成果和更包容的态度面对地理难题。被称为现代丝绸之路的"新亚欧大陆桥"跨亚、欧两大洲建成，中国"陇海 — 兰新"铁路与土西铁路哈萨克段在阿拉山山口接通，这是一条贯穿两大洲，连通大西洋与太平洋的现代之路，跨越高山和大漠，跨越三千年往事，将无数古人走过的路完美升级。

这条新亚欧大陆桥带来的机遇前无古人。

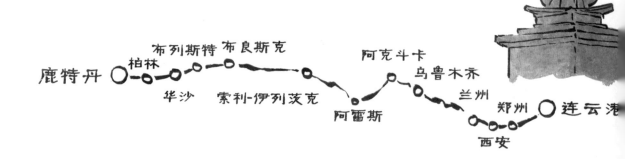

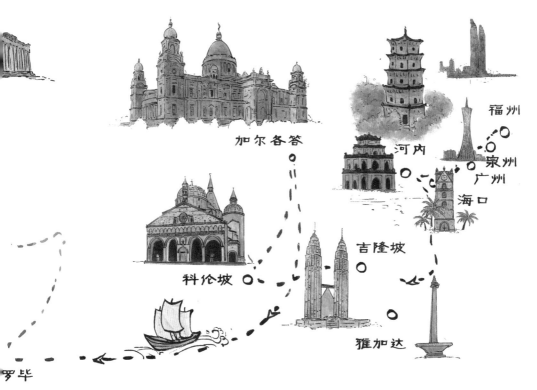

现代丝绸之路

现代丝绸之路也就是"一带一路"，是我国政府近年来提出的国家级顶层合作倡议，是"丝绸之路经济带"和"21世纪海上丝绸之路"的简称。古代丝绸之路连接了中国与西域、亚洲与欧洲，造就了一段繁荣盛世；现代丝绸之路的建立则加强了亚、欧、非等地多国的联系，代表了中国与世界共同发展的愿望。

21世纪海上丝绸之路

21世纪海上丝绸之路并不像从前那样是一条单纯的航线，它不仅是一个个通商口岸或是一个个战略要塞，而更像是一条纽带，连接着沿途的一个个国家，促进着它们更快地发展。